QUADERNI CENNI

L'ESERCITO DEL REGNO DI NAPOLI

1806-1808

VOL. 1

Aquarelli di Quinto Cenni dalla collezzione
di H. J. Vinkhuijzen

SOLDIERSHOP PUBLISHING

Title: **L'ESERCITO DEL REGNO DI NAPOLI 1806-1808 VOL. 1. cod. QC005**
By Luca Stefano Cristini. Tavole a colori di Quinto Cenni. First edition by Soldiershop.
Cover & Art Design: Luca S. Cristini. And Anna Cristini
ISBN code: 978-88-93270908 codice e collana Soldiershop Quaderni Cenni (QC004)

Published by Soldiershop publishing, via Padre Davide, 7 - 24050 Zanica (BG) ITALY. www.soldiershop.com

L'ESERCITO DEL REGNO DI NAPOLI
1806-1808
Vol. 1

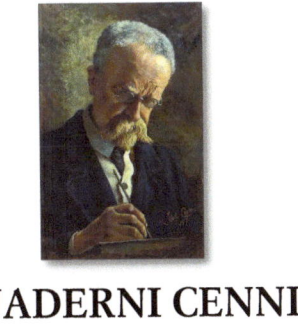

QUADERNI CENNI

Giuseppe Bonaparte

Giuseppe Bonaparte nasce a Corte, piccolo centro della Corsica, il 7 gennaio 1768, primogenito di Carlo Maria, seguace di Pasquale Paoli e con lui tra i protagonisti nelle lotte per l'indipendenza corsa, e Maria Letizia Ramolino. Diciassette mesi dopo nascerà suo fratello Napoleone, destinato a segnare il suo destino personale, oltre a quello dell'intera Europa. Nel 1794 sposa la marsigliese Julie Clary, sorella di Desirèe, per poco tempo fidanzata di Napoleone.

Nel 1799 un esercito di 50.000 francesi al comando del maresciallo Massena varca i confini del regno di Napoli. Questo fatto condurrà Giuseppe Bonaparte, un piovoso 14 febbraio al trono con il titolo di Luogotenente dell'imperatore...

Giuseppe Bonaparte, Nacque a Corte, in Corsica, il 7 gennaio 1768, primogenito di otto figli avuti dalla coppia di Carlo e Letizia Ramolino. Nasce quindi italiano, nella repubblica di Genova, che solo a maggio di quell'anno vendette la Corsica alla Francia. I Bonaparte ferventi sostenitori del Paoli, salirono in fretta sul carro francese.

Contrariamente alle consuetudini, il secondogenito Napoleone fu avviato alla carriera militare, mentre Giuseppe, di carattere più mite, e amante della cultura, fu avviato alla carriera ecclesiastica. Tuttavia la morte del padre, avvenuta nel 1785 gli fece assumere il ruolo di capo della famiglia. Nel 1787 Giuseppe riuscì a laurearsi a Pisa in *utroque iure,* e fece ritorno ad Ajaccio nel maggio 1788.

Le vicende della Rivoluzione francese stavano avendo contraccolpi in Corsica. Gli sviluppi portarono i fratelli Bonaparte a passare in Francia dove Giuseppe prese in moglie Giulia Clary, figlia di un ricco negoziante, ottenendo una cospicua dote. Nel 1796 Napoleone lo chiamò nell'amministrazione dell'armata d'Italia, e si servì di lui nelle trattative per l'armistizio di Cherasco (24 aprile), inviandolo a Parigi per convincere il Direttorio a fare la pace col Piemonte. Tornato quindi in Corsica con Cristoforo Saliceti e Francesco Miot riordinò l'amministrazione e il partito francese. Nell'aprile 1797 fu eletto deputato all'Assemblea dei cinquecento.

Subito dopo, nel maggio, fu nominato ambasciatore a Roma. Qui mostrò nuovamente il suo carattere più apertamente portato per la cultura e la filosofia venendo alla fine rimosso, Giuseppe poté tornare nuovamente in Francia a dedicarsi ai suoi affari, arte in cui eccelleva. La continua ascesa di suo fratello però non gli consentì di stare troppo lontano dalla scena, e venne quindi sempre investito di incarichi di rilievo crescente.

Dopo la proclamazione dell'Impero nel 1804, Giuseppe operò alacremente per farsi riconoscere erede di Napoleone, allora senza figli. Arrivarono intanto i primi titoli: quello di principe e altezza imperiale, la dignità di grande elettore dell'Impero. Rifiutò invece la corona di re d'Italia, perché questo fatto gli avrebbe fatto perdere i diritti alla successione.

Accetterà invece il trono di Napoli, regno che lo stesso aveva invaso per conto del fratello, ma che militarmente era agli ordini del più abile generale Masséna. Nel gennaio 1806 l'armata francese guidata da Giuseppe si fermò per tre giorni a Roma, quindi passò il confine del Regno borbonico con 40.000 uomini. Il 15 febbraio dello stesso anno il Bonaparte fece un solenne ingresso a Napoli, accolto dall'omaggio delle autorità.

◄ Ritratto di Giuseppe Bonaparte re di Napoli nel 1808. Opera di Jean Baptiste Wicar (1762-1834)

Pochi mesi dopo l'imperatore lo proclamò re. Il nuovo governo francese appena insediatosi a Napoli diede subito inizio ad una serie di riforme tese ad ammodernare lo stato. Furono adottati i nuovi principi della rivoluzione e presi provvedimenti che investirono tutti i campi dell'amministrazione, avviando una profonda trasformazione dello Stato e della società che fece della borghesia la classe dirigente ottenendo di contro avversità da parte del Clero e della nobiltà. Per fare tutte queste riforme, l'esperto Giuseppe si accompagnò nell'opera assistito da collaboratori venuti con lui dalla Francia, come Cristoforo Saliceti, amico dai tempi degli studi a Pisa, Francesco Miot, Marzio Mastrilli e altri napoletani. Era suo intendimento guadagnarsi subito la simpatia dei sudditi.

In occasione del primo ingresso a Napoli assistette in cattedrale al *Te Deum* di ringraziamento, e fece omaggio di una collana di diamanti al patrono della città, s. Gennaro. Fece di Napoli una bella capitale, protesse la cultura, e secondo le sue abitudini consolidate diede spesso feste sontuose. Sul fronte militare tuttavia non era certo della pasta del fratello, e già nel luglio del 1806 subì un rovescio a Maida da un corpo anglo-borbonico, cosa che provocò la perdita della Calabria, che sarà rioccupata solo nel 1808. Anche un persistente brigantaggio non fece dormire sonni tranquilli al nuovo sovrano di Napoli.

Napoleone si rese conto che Giuseppe non era adatto al ruolo, tuttavia, i sogni espansionistici dell'Imperatore ora si buttarono sulla Spagna, e una volta conquistata decise di trasferire a Madrid il fratello, che anche stavolta accettò malvolentieri.

Ambizioso, ma poco resistente al lavoro e amante dei piaceri, Giuseppe si trovava bene a Napoli dove aveva familiarizzato alla fine un po' con tutti e dove si era anche conquistato il gradevole epiteto di "re filosofo".

A Napoli Giuseppe incontrò anche il grande amore della sua vita nella bella e passionale trentunenne Maria Giulia Colonna, moglie del duca d'Atri, che nel settembre 1807 gli diede persino un figlio, Giulio, non legittimato.

Lasciare la città del golfo quindi fu per lui un brutto colpo. Alla fine il 7 luglio 1808 Giuseppe fu nominato re di Spagna e delle Indie dando inizio ad un regno tormentato e pericoloso assai lontano dagli agi e dalla bella vita che aveva conosciuto a Napoli.

Persa anche la Spagna, nel 1814 egli restò al fianco di Napoleone, che lo nominò luogotenente generale, e dopo l'abdicazione dell'Imperatore egli si rifugiò in Svizzera. Nel 1815, dopo il ritorno di Napoleone fuggito dall'esilio dell'Elba, egli raggiunse il fratello ed ebbe da lui la presidenza del Consiglio dei ministri quando l'imperatore partì per la guerra. Nel giugno, dopo Waterloo e la definitiva abdicazione di Napoleone, Giuseppe fece nuovamente i bagagli e stavolta optò per il nuovo mondo, prese un vascello e si rifugiò negli Stati Uniti d'America dove prese il nome di conte di Survilliers, dando prova nuovamente di essere assai portato per gli affari. Nel 1832 Giuseppe fece ritorno in Europa, prima a Londra, poi a Point Breeze, e dal 1841 in Italia. Qui riunitosi con la moglie che non l'aveva seguito nei suoi lunghi viaggi finirà i suoi giorni morendo a Firenze il 28 luglio 1844.

▲ Carta del Regno di Napoli nella prima metà dell'ottocento.

◄ L'ingresso delle truppe francesi a Roma dopo aver vinto la debole resistenza offerta dalle truppe napoletane che saranno poi inseguite con la conseguente perdita anche del loro Regno.

▲ La famiglia di Giuseppe Bonaparte- la moglie Julie Clary, e le figlie Carlotta (1802-1839) e Zenaide (1801-1854) Tela di François Gérard, del 1808.

▶ L'esercito francese del generale Championnet entra a Napoli il 23 gennaio 1799.

IL REGNO DI NAPOLI: DA GIUSEPPE A GIOACCHINO

Il 15 febbraio 1806 il Regno di Napoli fu occupato dalle truppe napoleoniche ed italiche al comando del fratello primogenito di Napoleone, Giuseppe Bonaparte, mentre le truppe Borboniche, sconfitte, si rifugiarono al seguito del re Ferdinando IV in Sicilia dove protetti dalla marina inglese esse rimasero fino al 1815.

Le truppe borboniche furono sconfitte a Campo Tenese, ed il Bonaparte si impadronì di tutta la parte continentale del regno ad esclusione delle fortezze di Gaeta, Civitella del Tronto e dell'estremo sud della Calabria, che continuarono a resistere all'assedio francese ancora per diverso tempo.

Nell'aprile dello stesso anno Giuseppe Bonaparte si proclamò "re delle Due Sicilie", diventando fautore di una politica innovatrice in campo politico e legislativo, e cominciando a dotarsi di un esercito proprio, con reparti formati dai nuovi sudditi. Il nuovo esercito nazionale si affiancò in un primo momento all'Armée de Naples francese, che rimase nel regno ancora per qualche anno al fine di garantire la sicurezza della nuova conquista, e che a spese del regno doveva essere mantenuto. L'esercito napoletano infatti era piccolo e male organizzato e senza questa forza d'occupazione, difficilmente avrebbe potuto garantirsi il possesso dello stato.

Giuseppe Bonaparte, che certo non aveva la tempra del fratello non riuscì, nel biennio in cui rimase in carica a migliorare granché la situazione. Si giunse persino a spalancare le galere di tutto il Regno alfine di recuperare alcune centinaia di nuove reclute, che con le buone o le cattive furono arruolate nell'esercito. I problemi di arruolamento fra la popolazione napoletana non erano nuovi, anche sotto i Borboni si erano verificate numerose difficoltà in tal senso. Giuseppe Bonaparte di fatto riesce a mettere in ruolo solo due reggimenti di fanteria di linea e alcuni reparti della Guardia reale, facendo quindi affidamento sulle truppe francesi ancora stanziate a Napoli. Sin da subito l'organizzazione, l'armamento e l'uniformologia ricalcano fedelmente quello francese.

▲ Stampa francese raffigurante le uniformi del regno di Napoli durante il periodo francese.

L'Esercito del Regno di Napoli, fu quindi attivo per circa un decennio, durante questo periodo questa forza armata di terra prese parte, al fianco della Grande Armata, a molte delle principali campagne delle guerre napoleoniche, principalmente in Spagna e Russia. Le truppe napoletane vengono inviate in campagne lontane anche col fine dichiarato di combattere la piaga della diserzione, che fra i reparti meridionali è sempre molto accentuata.

Le operazioni militari all'estero hanno anche il grosso vantaggio di ridurre le esose spese per il mantenimento delle truppe (fuori dal regno il soldo è garantito dalla Francia). La campagna di Spagna tuttavia risulta assai sanguinosa e si resero necessarie nuovi invii di truppe.

Le autorità napoletane, sia sotto re Giuseppe che sotto re Gioacchino adottarono sempre il brutale e inopportuno, ma probabilmente unico sistema valido per "produrre" reclute. Assoldare galeotti e soldati borbonici catturati, entrambi infidi. Queste truppe sovente venivano inviate al fronte in catene e sempre comunque scortate dalla gendarmeria. Un vizio tipico dell'esercito napoletano, quello di liberarsi delle teste calde spedendole forzatamente nelle campagne militari lontane dalla patria.

Napoleone alla fine non tollerò più questi strambi modi di fare e solo grazie ad un suo energico intervento, soprattutto sotto la reggenza di Murat questa mala abitudine rientrò a limiti sopportabili.

Gioacchino Murat salì al trono di Napoli il 1° Agosto 1808, immediatamente dopo la nomina di Giuseppe Bonaparte a re di Spagna. A differenza del fratello di Napoleone, Murat era un buon soldato, fra i più valorosi delle armate napoleoniche. Gioacchino manifestò sin da subito la volontà di dotarsi di un numeroso e moderno esercito nazionale, che fra le altre cose gli garantisse anche una certa autonomia, persino dal potente cognato.

In questo proposito fu aiutato dallo stesso Napoleone, che con la convenzione di Baiona impose al Regno di Napoli di fornire all'Impero un numero di soldati pari ad almeno 16.000 fanti e 2.500 cavalieri.

Murat come i suoi predecessori seguitò ad usare la leva obbligatoria come forma di reclutamento principale, ma fece meglio di Giuseppe Bonaparte e dei Borboni riuscendo presto ad accattivarsi le simpatie del popolo con il quale instaurò una naturale empatia. Questo cambiamento nell'animo dei napoletani fu certamente favorito dal contemporaneo affievolirsi delle simpatie popolari nei confronti dei borbonici.

Murat ammodernò per quanto poté anche la Marina reale, che per quanto non fosse ancora in grado di contrastare la potente flotta inglese nel settore, riuscì a portare a termine un importante successo militare conquistando l'isola di Capri, già nelle mani del generale inglese sir Hudson Lowe.

Nel 1809 Murat formò il 3° Reggimento di Fanteria di Linea, organizzandolo su un modello originale formato da 3 battaglioni (4 in guerra) di 7 compagnie ciascuno (di cui due scelte di granatieri e volteggiatori), con uno stato maggiore e uno minore. Con minime variazioni questa divenne la struttura-tipo di tutti i reggimenti di linea napoletani. Dalle provincie abruzzesi e calabre, nel 1809 Murat costituì anche due reggimenti di fanteria di linea a reclutamento regionale: il 4° "Real Sannita" ed il 5° "Real Calabria". Nel 1810, per sopperire alle perdite riportate in Spagna e nella spedizione in Sicilia, venne quindi creato il 6° Reggimento Fanteria di Linea "Napoli", formato da elementi della Guardia Municipale di Napoli.

Nello stesso anno venne incorporato nell'esercito napoletano anche un ex-reparto francese formato da soldati di colore con l'aggiunta di reclute napoletane, che divenne il 7° Reggimento di Fanteria di Linea "Real Africano".

Nel 1811, a Saragozza, fu creato l'8° Reggimento di Fanteria di Linea, formato dai rinforzi inviati da Napoli al 1° "Re", al 2° "Regina" di linea e dalle residue truppe del 1° leggero. Reggimenti questi da lungo tempo impegnati nella guerra spagnola.

Il 1812 vide l'esercito napoletano impegnato in Spagna, Russia ed in Polonia, contro le potenze della Sesta Coalizione. In questo periodo si fece pienamente ricorso a tutte le classi di leva ed alla riserva, riuscendo, nonostante il grande sforzo, appena a ricolmare le perdite subite in Russia e dando vita agli ultimi reggimenti di linea.

Come sempre molte di queste nuove reclute sono ex-banditi, disertori, guerriglieri borbonici recuperati ecc. il che ovviamente incide anche sulla qualità di queste truppe.

I SOLDATI DEL RE DI NAPOLI

"All'ordine Facite Ammuina: tutti chilli che stanno a prora vann' a poppa e chilli che stann' a poppa vann' a prora: chilli che stann' a dritta vann' a sinistra e chilli che stanno a sinistra vann' a dritta: tutti chilli che stanno abbascio vann' ncoppa e chilli che stanno ncoppa vann' bascio passann' tutti p'o stesso pertuso: chi nun tene nient' a ffà, s' aremeni a 'cca e a 'll à".

Ed ancora: *"Trotto, trotto, trotto lu scialò dei dragoni sta rotto. Lu cuppino de li lancieri, sa l'hanno arrobbato li rancieri, li rancieri dei cacciatori, solo gli Usseri so signori!"*

Questi due aneddoti sono o falsi storici (il primo) o entrambi non contemporanei dell'avventura napoleonica nel Sud Italia. Tuttavia sono significativi del pensiero comunemente denigratorio rivolto alle forze armate borboniche o napoletane in genere e di ogni tempo.

La vulgata popolare vedeva (ed in parte continua a vedere) nelle popolazioni meridionali, e quindi nei suoi soldati, una certa apatia mista a filosofia epicurea che certo mal si coniuga con l'efficientismo militare il cui rovescio della medaglia è ad esempio rappresentato dall'esercito prussiano.

Sicuramente partecipa a questa visione anche quell'ancestrale tipica intima persuasione dei meridionali secondo la quale l'umanità è tutta divisa in due categorie: i signori ed i cafoni.

Due categorie comunque ben accette con sano realismo dai napoletani che a proposito ancora oggi amano dire: *Chi nasce prencepe, nun adda fà cose 'e serviilo.* (Chi nasce signore deve vivere da signore);

oppure: *Chi nasce ciuccio, ciuccio se ne more.* (Se non si vuol migliorare, si resta quel che si è).

Il decennio francese iniziato con Giuseppe Bonaparte fu sulle prime garantito militarmente soprattutto dalle baionette francesi che stanziarono per diverso tempo nel Regno a garanzia dello stesso.

Il fratello di Napoleone rimase famoso a Napoli per poche cose, fra esse, quella d'aver creato il Campo di Marte (la zona che in ogni città era di solito riservata agli esercizi militari):

"O Campo 'e Marte fuje na zona 'e chianura criata do rre Giuseppe Buonaparte. 'O Buonaparte avette avuto tutt'ê arvere, vvigne e ccase dint' na zona granne assaje sfravecate e zuffunate pe' crià nu campo militare pe' ll'esercito sujo."

Con l'avvento di Gioacchino Murat le cose cambiarono in meglio per le forze armate. A Napoli il nuovo re, ormai noto come "Gioacchino Napoleone", fu ben accolto dalla popolazione, che ne apprezzava la bella presenza, il carattere sanguigno così affine allo spirito meridionale, il coraggio fisico, il gusto dello spettacolo e alcuni tentativi di porre riparo alla sua miseria.

Per contro il liberalismo rivoluzionario che lo caratterizzava lo rendeva inviso al clero e a parte della nobiltà.

Il nuovo ruolo non impedì a Murat di continuare ad essere un valoroso ed esperto soldato. Sotto la sua guida l'esercito napoletano ormai senza più lo scudo francese (se non nella presenza di numerosi ufficiali) aumentò i suoi effettivi e migliorò la sua organizzazione e la sua efficacia.

Posto al comando della cavalleria napoleonica e di un contingente di soldati del suo regno di Napoli, Murat partecipò alla campagna di Russia e alla successiva battaglia di Lipsia (1813). Le sue truppe si comportarono in quelle occasioni in modo esemplare tanto da venire trionfalmente decorate su ordine dello stesso Napoleone.

Dopo Lipsia tuttavia Murat cercò di salvare il suo trono abbandonando l'illustre cognato e firmando una pace separata con l'Austria, ma l'anno dopo, durante i Cento giorni, egli ci ripensa e ritorna a fianco dell'Imperatore.

Combatterà la sua ultima battaglia a Tolentino dove sarà sconfitto dall'esercito austriaco. Questo fatto provocherà la sua definitiva caduta e successiva sua fucilazione avvenuta a Pizzo Calabro il 13 ottobre 1815.

Di fronte al plotone d'esecuzione si comportò con grande fermezza, rifiutando di farsi bendare.

Pare che le sue ultime parole siano state: " *Sauvez ma face — visez mon cœur — feu*" (mirate al cuore, risparmiatemi il viso, fuoco!)

▶ Ritratto di Giuseppe Bonaparte re di Spagna. Giuseppe lasciò (sul malgrado) il trono di Napoli nel 1808 per diventare re di Spagna. Il suo posto a Napoli fu preso da Gioacchino Murat, cognato di suo fratello

QUINTO CENNI
Un soldato che non fece mai il soldato...

Il nostro più grande e prolifico artista militare, Quinto Cenni nacque a Imola, all'epoca sotto il Regno Pontificio, il giorno di Pasqua 20 marzo del 1845 dall'avvocato (o dottore causidico nel volgo emiliano) Antonio e da Maria Sangiorgi, in una famiglia di solide tradizioni cattoliche, patriottiche, ma anche liberali (un cugino, il capitano Guglielmo Cenni, fu infatti un valoroso volontario garibaldino).

Quinto di nome e di fatto, era infatti il quinto dei dieci figli, i più morti prematuramente, che la famiglia Cenni ebbe. Trascorse i primi anni e compì i primi studi nella cittadina romagnola. Ancora ragazzino sviluppò una passione innata per il disegno ritraendo da subito quello che saranno i suoi soggetti per antonomasia, i soldati !

E in quegli anni ritrae principalmente quelli che gli passano sotto gli occhi; militari austriaci e pontifici che attraversano le polverose strade del paese. Alla prematura morte del padre, avvenuta nel 1856, la numerosa prole venne in parte dispersa, e in un primo tempo pare si chiudano per Quinto le possibilità di intraprendere gli studi di disegno, finche si trasferì con un fratello e una sorella a Bologna. Ed è qui, dopo varie tribolazioni, che il nostro consolida la sua vena artistica presto indirizzata negli ideali studi di pittura resi possibili da un generoso sussidio concessogli dalla amministrazione della sua città natia.

Nel 1864 perde anche la madre. Nel 1867 consegue finalmente il meritato diploma e lo stesso anno Cenni si trasferì a Milano che diverrà sua città d'adozione. Sempre del 1867 è il suo primo lavoro noto, oggi purtroppo scomparso, intitolato: "la tumulazione del generale inglese Moore, dopo la battaglia della Coruna in Ispagna".

Nella capitale lombarda egli si perfeziona nella tecnica dell'incisione, iscrivendosi ai corsi di xilografia e litografia dell'Accademia di Brera dove nel 1870 fu premiato per la litografia. Sono di questi anni gli esordi di quella poliedrica e monumentale attività dell'artista nel campo dell'illustrazione grafica. Dapprima collaboratore del periodico Emporio pittoresco, di cui fu il primo illustratore di soggetti a carattere storico-militare, disegnò poi per varie altre riviste come La Cultura moderna, La Lettura Epoca, L'Illustrazione italiana, La Rivista illustrata, Lo Spirito-folletto ed Emporium.

Oltre a lavorare per le riviste si dedicò anche all'illustrazione di libri, come *Niccolò de' Lapi* di Massimo d'Azeglio. la strada è ormai tracciata, Cenni prosegue infaticabile nei suoi progetti artistici ed editoriali, Nel 1870 pubblica il corposo *Custoza 1848-1866* e il numero unico *I Bersaglieri*, dedicato al famoso corpo di fanteria nel cinquantenario della sua costituzione. Negli stessi anni videro la luce anche gli album *L'esercito italiano, Eserciti europei* e *Gli eserciti d'oltre mare* editi tutti da Vallardi. Libri oggi molto ricercati da collezionisti di tutto il mondo. Questi primi vennero seguiti da *I Granatieri* (1887), *Nizza cavalleria, I Carabinieri Reali* (1894), *Cavalleggeri Saluzzo, Lancieri di Firenze* (1898 e 1900), *Avanti l'artiglieria* e *Il Genio militare*.

Quasi sempre editi da Vallardi, ma compaiono anche i primi tentativi di editare direttamente col nome Cenni! In questa nuova veste anche di editore, Quinto Cenni rompe gli indugi e nel 1887 fondò a spese sue *L'Illustrazione militare italiana*, illustrata con tavole e disegni militari. Impresa questa che durò per oltre un decennio terminando appunto nel 1897.

L'Illustrazione militare italiana valse al Cenni numerosi riconoscimenti, incarichi e una certa notorietà anche fuori dai confini nazionali. l'opera, la più importante realizzata del Cenni rappresentò quanto di meglio si pubblicava allora in Italia in merito alle tradizioni, la storia e la composizione dell'Esercito Italiano. Cenni sperò che questa pubblicazione potesse essere fonte di quel guadagno che gli era venuto a mancare per i dissidi con l'editore Treves. Il periodico fondato da Cenni, come detto fu accolto con grande favore e diffuso in vari Paesi, dove ebbe abbonati, corrispondenti e collaboratori. Il governo portoghese gli conferì la prestigiosa onorificenza dell'Ordine militare di Cristo. La pubblicazione gli diede molte soddisfazioni, ma purtroppo non quelle economiche.

Ricchissima di notizie, anche relative a viaggi ed esplorazioni. Molti gli articoli di storia militare in particolare relativi a episodi risorgimentali. Fu sempre a seguito di questa opera che il ministero della Guerra italiano gli commissionò un album illustrato sulla campagna del 1859, che venne poi pubblicato a cura dell'Ufficio storico del Corpo di Stato Maggiore col titolo *Album della guerra del 1859*. A questo importante lavoro seguirono poi il numero unico *Aosta la veja*, *l'Atlante militare dedicato alle uniformi degli eserciti europei del tempo*, e *L'Esercito italiano nella nuova divisa* (uniformi del 1910). Tra il 1912 e il 1913 lavorò all'*Album della guerra italo-turca e della conquista della Libia* che fu il primo lavoro italiano di questo tipo pubblicato a dispense, poi riunito in unico fascicolo. Nonostante l'enorme amore e trasporto per le divise e le uniformi, oltre che per tutti gli aspetti della vita militare, Quinto Cenni, il romagnolo naturalizzato milanese, che dedicò tutta la sua vita all'illustrazione del costume militare non vestì mai l'uniforme, non fece mai il soldato. Fu però di fatto un accasermato, poiché non perdeva occasione per stare attorno o nei dintorni di qualsivoglia struttura militare. Sempre molto vicino ai soldati che ritraeva di continuo, passando interi pomeriggi all'interno delle caserme dove, vista la sua fama consolidata, aveva ormai libero accesso, sempre accolto con estrema simpatia.

Quinto Cenni morì in piena prima guerra mondiale il 13 agosto 1917, dopo aver vissuto praticamente tutte le fasi risorgimentali del nostro paese, nella sua casa di proprietà di Carnate in Brianza mentre instancabile stava lavorando alla sua ultima serie dedicata ai Ducato di Modena e Ducato di Parma per il dottor Gustavo De Ridder e per il medico olandese H. J. Vinkhuijzen.

L'opera di Cenni

La vastissima produzione artistica di Quinto Cenni è oggi custodita in parte dalle Istituzioni pubbliche e in parte da numerosi collezionisti privati sparsi per tutto il mondo. In Italia, presso il Museo Nazionale di Castel S. Angelo a Roma sono conservati 288 acquarelli. Questi sono in gran parte gli originali donati dagli eredi Cenni all'allora Presidente del Consiglio Mussolini. Il Museo del Risorgimento di Milano a sua volta conserva oltre un centinaio di acquarelli sui volontari del Risorgimento.

Anche la Pinacoteca civica di Imola conserva qualche campione del suo illustre concittadino.. Ma è soprattutto l'Ufficio Storico dello Stato Maggiore dell'Esercito a possedere la gran massa dei lavori del Cenni. Oltre all'archivio privato dell'artista, una raccolta di moltissimi documenti divisi in vari volumi, dove Quinto e il figlio Italo dopo di lui hanno raccolto appunti e disegni sulle uniformi, sulle armi e sugli eserciti di tutto il mondo e tutte le epoche. Denominato Codice Cenni esso è costituito dalla raccolta dei lavori del Cenni realizzati fra il 1867 e il 1917. Unica nel suo genere, questa preziosa e irripetibile collezione si compone di venticinque album. Sono migliaia di soggetti in più di duemilacinquecento fogli, "soldatini" bellissimi e coloratissimi.

Vere e proprie pere d'arte nelle quali la cura del particolare e la puntigliosa descrizione degli oggetti di corredo e delle varie parti delle uniformi vengono fissate e arricchite spesso da commenti in lapis dell'artista a piè di pagina. Questo enorme dossier contiene anche migliaia di lettere, fogli, cartoline, blocchi per appunti, pagine di quaderno ricoperti di una scrittura inconfondibile, stralci di regolamenti, repertori militari, prescrizioni, opuscoli e circolari; molti fogli riportano schizzi, disegni, bozze di lavori e altro prezioso materiale fondamentale per ogni studioso di uniformologia.

La collezione Vinkhuijzen

Recentemente, 50 acquerelli di Quinto Cenni sul Ducato di Parma al tempo di Maria Luigia, dei quali non si conosceva l'esistenza, sono comparsi in mostra al Museo di New York. Essi facevano parte della grandiosa collezione del già citato medico olandese H. J. Vinkhuijzen. Questi, un appassionato cultore di iconografia militare era un contemporaneo del Cenni, visse infatti fra il 1940 e il 1910.
Collezionista eccentrico, il Dr. H. J. Vinkhuijzen, iniziò la sua carriera come medico dell'esercito olandese fino a diventare medico ufficiale di corte del principe Alessandro dei Paesi Bassi. La sua vasta collezione arrivò a contare oltre 32.000 soggetti. Moltissimi e pressoché sconosciuti quelli realizzati espressamente per la sua collezione da parte di Quinto Cenni. Dal 1911 la collezione è stata donata alla New York Public Library dal sig. Henry Draper erede del medico olandese. Ed è questa collezione a costituire la gran massa dei **Quaderni Cenni** che Soldiershop ha in corso di pubblicazione. Ogni immagine ha subito una rigorosa pulizia e ri-classificazione per fornire agli appassionati di storia militare e costume un opera complete e agevole, di notevole importanza per gli studiosi di uniformologia e non solo.

Cenni pittore ?

Quinto Cenni, pur avendone le possibilità non si dedicò praticamente mai al lavoro su tela, all'attività di pittore classico. Del Cenni infatti non esistono quadri famosi, preferendo egli dedicarsi di gran lunga al disegno, all'incisione e all'acquerello. Fra le poche opere note, la Galleria d'arte moderna di Milano conserva l'acquerello *Cannoniere al pezzo*. Nella Pinacoteca civica di Imola si può ammirare un suo Ritratto ma si tratta di un opera del figlio Italo. Sono noti alcuni quadri che l'artista romagnolo preparò per alcuni concorsi come quello a Milano del 1872 con il quadro *Il combattimento in Piazza Vendôme a Parigi tra Versagliesi e Comunardi* e nel 1881 all'Esposizione nazionale di Belle Arti con *La battaglia di San Martino*. Quinto Cenni fu sostanzialmente uno studioso entusiasta della complessa materia dell'uniformologia, materia che in Italia ha sempre avuto pochi cultori e specialisti,

▲ Il collezionista e medico olandese H. J. Vinkhuijzen, amico e mecenate di Quinto Cenni presso il quale acquistò centinaia di tavole originali dedicate principalmente agli stati italiani pre-unitari ma anche all'esercito del Messico

◄ Italo Cenni, Ritratto di Quinto Cenni nell'atto di scrivere, olio su tela (Musei Civici di Imola)

BIBLIOGRAFIA DI QUINTO CENNI

- Custoza 1848-1866, Album stroico artistico militare, Milano, 1878
- L'Esercito italiano - Schizzi militari, Album, Milano, 1880
- I Bersaglieri, Numero unico, 18 giugno 1886, Milano, 1886
- I Granatieri, Numero unico, Milano, 1887
- La commemorazione del 1° decennio della morte di Re Vittorio Emanuele II, numero unico pubblicato da L'illustrazione militare italiana, Milano, 1888
- Aosta "la Veia", Numero unico, 1890
- Nizza cavalleria!, Numero unico, 1890
- Piemonte Reale cavalleria, Numero unico, 1892
- I Carabinieri reali, Numero unico, 1894
- L'Artiglieria italiana nelle guerre napoleoniche, Roma, Voghera, 1899
- Avanti l'Artiglieria!, Numero unico, 1904
- La Guerra Italo-Turca 1911-1913, Album illustrato
- La campagna del 1859, Album illustrato
- 1849: Assedio di Roma, Foglio m 1,05x0,69
- I Battaglioni della Speranza 1797-99, 1848-49, 1859-60, in Lettura, 1916

Diresse e illustrò L'Illustrazione Militare Italiana dal 1887 al 1897

Opere illustrate

- B. Lencisa, Pasquale Paoli e le guerre di indipendenza della Corsica, Milano, Vallardi, 1890
- P. Moderni, L'assedio di Roma nella guerra del 190.., Milano, La Poligrafica, s.a.
- Alessandro Manzoni, I Promessi Sposi
- Massimo D'Azeglio, Ettore Fieramosca
- Massimo D'Azeglio, Niccolò de' Lapi
- Francesco Domenico Guerrazzi, L'assedio di Firenze

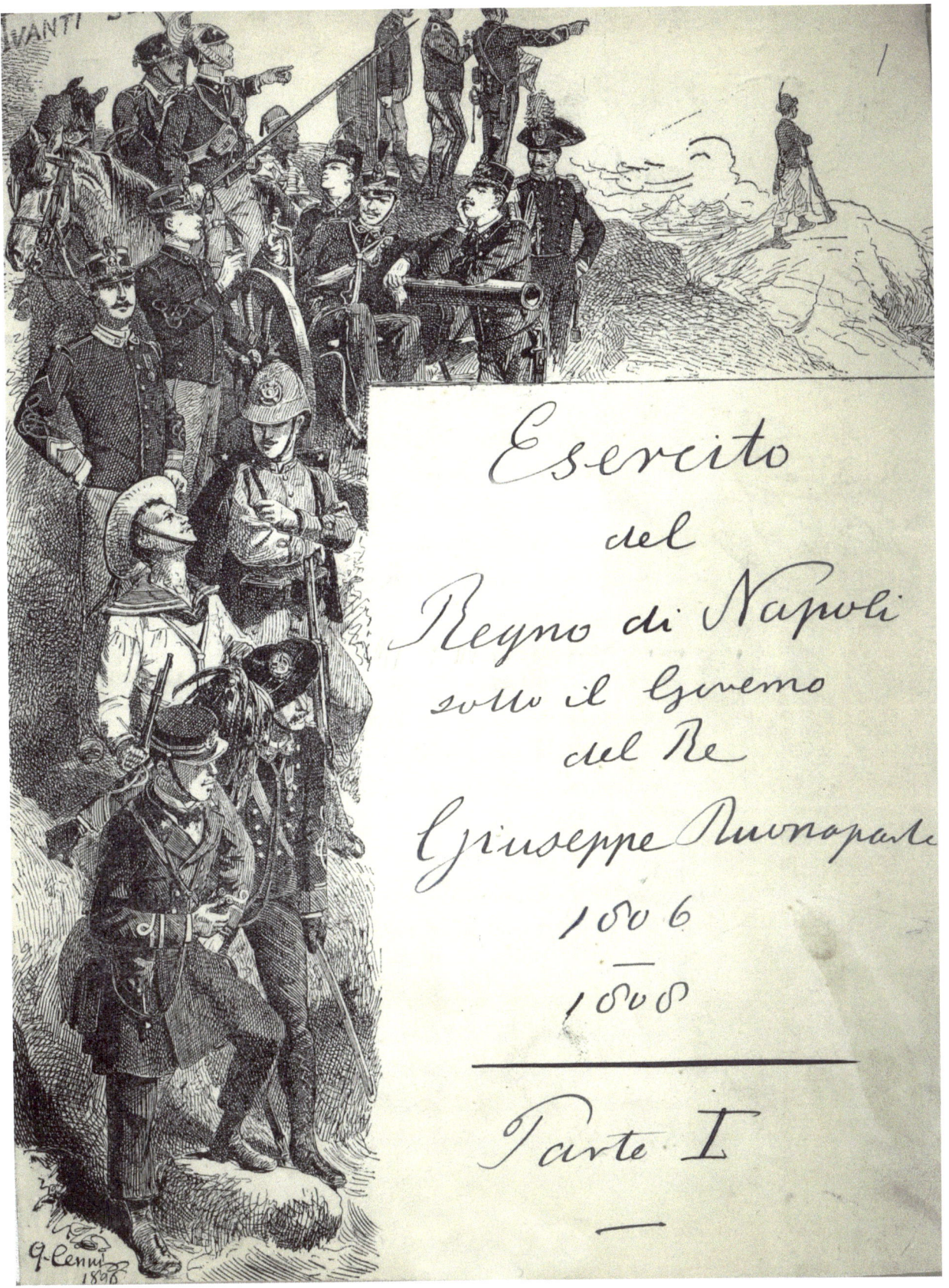

Esercito
del
Regno di Napoli
sotto il Governo
del Re
Giuseppe Buonaparte
1806
—
1808

_____

Parte I

—

TAVOLE
UNIFORMOLOGICHE

Note alle tavole a colori

La prima parte dei soldati del regno di Napoli fa riferimento al periodo 1806-1808 con Giuseppe Bonaparte Sul trono del Regno.

La maggior parte dei figurini appartiene al corpo della marina militare oltre a reparti del genio, artiglieria e della Real Casa.

Le tavole sono riportare in base ai numeri riportati dallo stesso Cenni sull'angolo in alto di ogni foglio e della prima classificazione fatta dal collezionista olandese.

Tutti i figurini pubblicati su questo libro sono opera di Quinto Cenni e fanno parte della collezione privata raccolta alla fine dell'ottocento dal Dott. H. J. Vinkhuijzen ora di proprietà della New York Public Library cui va tutto il nostro ringraziamento per la gentile concessione.

Ogni tavola ha subito una radicale pulizia grafica da graffi, segni e usure del tempo. Tutte le indicazioni riportate, quando presenti, si rifanno agli originali testi inseriti dall'artista ai piedi, a lato delle tavole o sul retro delle stesse.

Il re di Napoli Giuseppe Napoleone Bonaparte con scudo araldico

Il re Giuseppe Bonaparte in gran tenuta ufficiale

Il re Giuseppe Bonaparte a cavallo con attendente

Aiutante generale di sua Maestà e la regina di Napoli

Generale di divisione e generale di brigata a cavallo

Generale di brigata a cavallo e suo aiutante di campo AdC

Generale di divisione e generale di brigata a cavallo in bassa uniformi con aiutanti

Aiutante generale di Stato Maggiore e generale di brigata in redingote

Generale di brigata e aiutante di campo in mantella

Ufficiale fanteria e granatiere svizzeri

1806-1808

Colonnello di Stato maggiore in grande uniforme

Aiutanti comandanti di Stato Maggiore e aggiunti

1806-1808

Sergente Portastendardo Legione principato d'Untra

Trombetta dei dragoni della Legione principato Citra

Dragone terra del lavoro

Caporale legione terra del Lavoro e sergente maggiore cannoniere legione principato

1806-1808

Tenente della legione principato

Uomini del corpo del genio marittimo

Comandante di vascello (comandante di divisione) in tenuta di gala di corte

Ufficiali di vascello tenuta di bordo

1806-1808

Tenente di vascello in tenuta di servizio

1806-1808

Tenente di vascello in tenuta da combattimento

1806-1808

"Insegna" di vascello in tenuta di servizio

Insegne di vascello in grane e piccola tenuta di bordo

Tenente di vascello in redingote a passeggio con dama

Uomini del corpo del Genio marittimo

Sotto ingegnere costruttore

Ingegnere idrografico

1806-1808

Allievo della scuola del genio di marina

Ufficiali del parco di artiglieria di Marina

1806-1808

Allievo idrografico

Capo d'amministrazione

Corpo amministrativo della Marina

Allievo amministrazione della Marina

Commissario amministrativo

Corpo topografico della Marina

1806-1808

Corpo militare della Marina

Tenente e sergente dei bombardieri di marina

Compagnia bombardieri di Marina

1806-1808

Corpo dei cannonieri di Marina

1806-1808

Corpo di fanteria di Marina

Tamburo maggiore di fanteria di Marina e Guardia civile di Napoli

Comandante di piazza e attendenti

Farmacisti di marina

Corpo di sanità - chirurghi

Sergente istruttore della scuola di Capua e tenente veterano

Sergente di fanteria di Marina

1806-1808

Soldati di Marina

Medici del copro di Marina

Ufficiale del Treno

Corpo degli zappatori

Maresciallo del Treno d'artiglieria in gran tenuta

Veterinario e operaio del treno d'artiglieria

Carrettieri e conducenti del treno d'artiglieria

1806-1808

Tromba del treno d'artiglieria

Tamburo del treno d'artiglieria

Artiglieria litorale

Tenente del Genio

Artiglieri delle coste

Ufficialicorpo del genio

Tenente degli zappatori

Caporale cannoniere di Marina

1806-1808

Capo di marina di 1a classe

Ufficiali di porto

Marinai

Armieri e cannonieri di Marina

Servitore di cambusa

Marinaio fuciliere e marinaio cannoniere

Aiutante veliero in gran tenuta

Carpentieri di Marina

Cannonieri e pilota di Marina

Maestro manovriere

1806-1808

Marinai di vedetta

1806-1808

Allievi di Marina

1806-1808

Capo manovriere

Maestro di vela

Allievi dell'accademia di Marina

Guardiamarina in tenuta estiva

1806-1808

Guardiamarina

Caporale dei veterani e invalido

Ufficiali superiori riformati

Ufficiali riformati

Generale e ufficiale superiore dei cacciatori in ritiro

Tenente in ritiro

Ingegneri in ritiro

Ufficiali riformati della Guardia reale

Tenente dei veliti a cavallo e capitano dei cavalleggeri riformati

Tenenti in gran tenuta in ritiro

Capitano di fregata in ritiro

Ufficiale dei farmacisti in ritiro e signora

Dragoni d'elitè legione delle due Calabrie

Soldato e tromba dei dragoni d'elitè legione delle due Calabrie

Tenente dei dragoni d'elitè legione delle due Calabrie e tamburo di artiglieria legione Basilicata

Tamburo maggiore legione di Lecce

1806-1808

Dragone a piedi Guardia Civica della Legione Basilicata

Tromba dei dragoni legione di Bari

Maggiore a cavallo della Legione Abruzzi di Citra

Ufficiale della compagnia cacciatori d'elitè della legione di Lucera

Artiglieria della legione di Capitanata

Tromba dei dragoni della legione di Teramo e tenente dei dragoni legione Abruzzo Ultra

Dragone in cappotto della legione di Chieti

INDICE:

*

BIBLIOGRAFIA ESSENZIALE:

- *Piero Crociani e Massimo Brandani* - L'esercito Napoletano 1806/15 Fanteria di Linea. EMI editore, Milano 1987.

- *N.Cortese* - Memorie di un generale della Repubblica e dell'Impero. Napoli 1927.

- N.Cortese – L'esercito napoletano e le guerre napoleoniche. Napoli 1928.

- *Otto Von Pivka* – Napoleon's Italian troops. Osprey 1999.

- *Piero Crociani e Massimo Brandani* - La cavalleria di linea di Murat 1808-15. La Roccia Ed. 1978.

- *Massimo Fiorentino* – Murat les uniformes de la legende. La revue Napoleon, Parigi 2005.

- *J.Rambaud* – Naples sous Joseph Bonaparte. Parigi 1911.

- *M.H.Weil* – Joachim Murat roi de Naples – la derniere année du regne – Parigi 1909.

- *M.H.Weil* – Le prince Eugèene et Murat. Parigi 1902.

- *Gennaro Aloja* – L'esercito di Murat re di Napoli. Sugarco edizioni 1990.

- *L. Conforti*, Il Regno di Napoli dal 1789 al 1799, Napoli 1887.

- *M. D'Ayala,* Napoli militare, Napoli 1847.

- *G.Boeri e Piero Crociani,* L'esercito borbonico dal 1789 al 1815, Roma S.M.1989

- *G.Boeri e Piero Crociani,* L'esercito borbonico dal 1815 al 1830, Roma S.M.1989

- *Luca Cristini,* L'esercito del Regno di Napoli 1806-1815 vol. 1 la fanteria, Soldiershop 2014

- *Quinto Cenni,* Il soldato italiano del Risorgimento, Rivista Militare 1987

- *V.Gibellini.* Gli eserciti italiani, De Agostini, Novara 1975.

QUADERNI CENNI - WORK PLAN

Collana basata sulle prestigiose immagini realizzate nell'arco di una vita dal più grande pittore militare e uniformologo italiano, il modenese Quinto Cenni.

Questi quaderni spaziano su gran parte degli stati pre-unitari italiani e non solo. Libri di medio/grande formato 20,5 x 25,5 composti da 100/150 pagine tutte a colori con le tavole a piena pagina ed un prologo testuale di una ventina di pagine a commento delle uniformi trattate e della vita di Quinto Cenni. Già realizzate le copie dedicate al Ducato di Parma e in parte quelle degli eserciti borbonici e napoletani del periodo napoleonico,. Seguiranno i volumi sul Ducato di Modena, Granducato di Toscana, di Lucca. Repubblica di Genova e molti altri

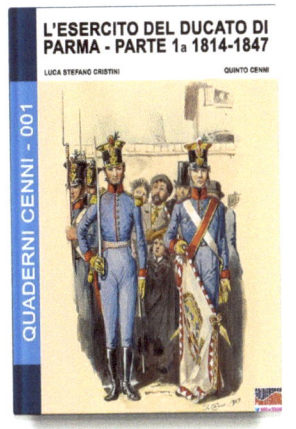
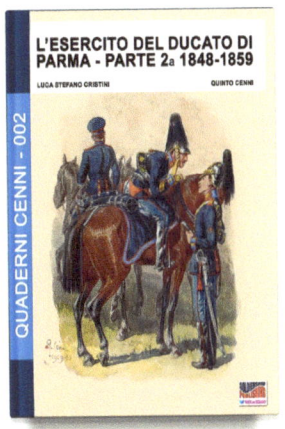
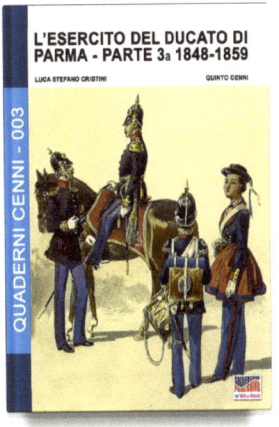

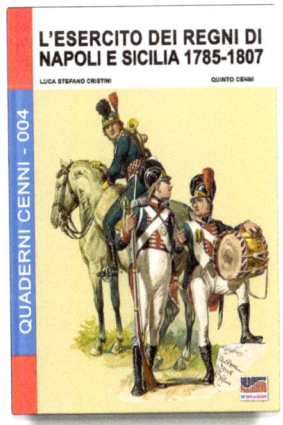
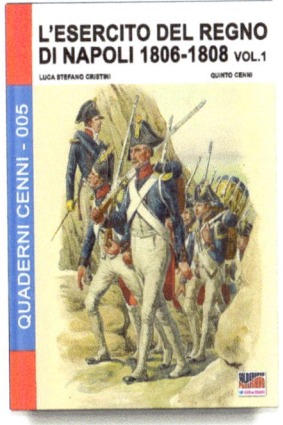

www.ingramcontent.com/pod-product-compliance
Lightning Source LLC
Chambersburg PA
CBHW041454120626
46547CB00003B/440